新・はたらく犬とかかわる人たち①

福祉でがんばる！ 盲導犬・聴導犬・介助犬

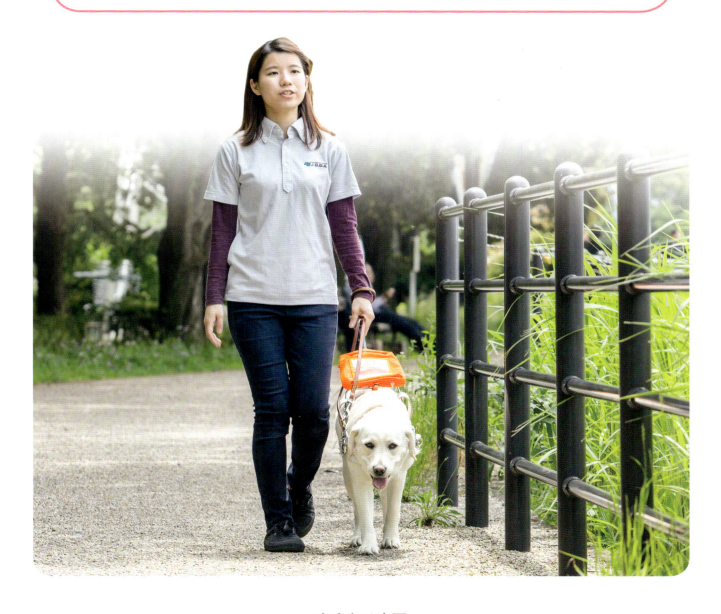

あすなろ書房

はじめに

みなさんは、このシリーズのタイトルを見て、なにを感じましたか。「はたらく犬って、なに？」「訓練士って？」ではないでしょうか。

「盲導犬」「聴導犬」「介助犬」や「警察犬」「災害救助犬」といった言葉を聞いたことがあるでしょう。

いま、いろいろな犬たちが、さまざまな場面で、いっしょうけんめいはたらいていますよ。こうした犬たちを訓練するのが訓練士さんです。

このシリーズは、次の3巻に分けて、はたらく犬たちと、訓練士さんほか、犬にかかわる人たちについて、みなさんといっしょに見ていこうと思ってつくりました。

❶ 福祉でがんばる！　盲導犬・聴導犬・介助犬
❷ 捜査・探査でかつやく！　警察犬・災害救助犬・探知犬
❸ はたらく犬と訓練士・ボランティア

ところで、みなさんはこの意見についてどう思いますか。

「わたしは盲導犬をつえのかわりとしてつかっている」

きっとみなさんのなかには、「犬を道具のようにあつかうなんてひどい」と感じる人がいるのではないでしょうか。

でも、目の見えない人たちは、盲導犬に道案内をしてもらっているのではありませんよ。盲導犬、聴導犬、介助犬としてはたらく犬たちは、家族のようなものだという話をよく聞きますね。また、警察犬や災害救助犬も、それらの訓練士さんにとっては家族のようだといいます。

犬に対する人の愛情は、犬の赤ちゃん時代からはじまります。人に愛情たっぷりに育てられた犬は、りっぱな盲導犬や警察犬になっていくといいます。

さあ、このシリーズを読んで、はたらく犬たちについて、より深く理解してください。そして、犬と人との関係についても、よく考えてみてください。

子どもジャーナリスト
Journalist for children
稲葉茂勝

もくじ

大昔から犬と人はパートナー ……… 4

補助犬の歴史 ……… 6

補助犬について理解すべきこと ……… 8

盲導犬になる ……… 10

盲導犬は道案内役ではない！ ……… 12

盲導犬についてもっと知ろう！ ……… 14

聴導犬についてもっと知ろう！ ……… 18

介助犬についてもっと知ろう！ ……… 21

訪問活動犬についてもっと知ろう！ ……… 26

タレント犬ってどういう犬？ ……… 30

調べてみよう！／さくいん ……… 32

大昔から犬と人はパートナー

犬は、「いちばん古い家畜」といわれています。狩りで人を助け、牧場では家畜を見張るなど、人類にとってとてもたよりになる存在でした。

犬と人との関係

人類は犬に助けられてきましたが、犬も人といることで、外敵から身を守ったり、エサをもらったりして、安心してくらすことができました。人と犬とは、大昔から協力しあう関係をつくってきたのです。そうした関係だからこそ、いまでも人を安心させ、よろこばせ、元気づけることができます。

一方、犬は、群れをつくります。そして、リーダーのいうことをきく性質をもっています。この犬の性質は、人にとってはありがたいもの。なぜなら、犬とよい関係をつくることができれば、犬は人のいうことをよくきくようになるからです。

プラス1　人と犬とのきずなは1万年以上

人類の住んでいた住居あとや洞窟のなかから、約1万2000年前〜3万5000年前と見られる犬の骨が見つかっている。また、犬が人といっしょに埋葬された墓も発見されている。これらのことから、犬は大昔から、すでに人とくらしていたと考えられる。なお、犬はオオカミから進化したことがわかっている。

福祉の現場でがんばる犬

目が見えない・見えにくい人の歩行などを手伝う
盲導犬

耳が聞こえない・聞こえにくい人に音を知らせる
聴導犬

からだの不自由な人を手伝う
介助犬

施設を訪問して人びとを元気にする
訪問活動犬

これら福祉の現場ではたらいている犬は、とくに人といることが好きで、人のいうことをよくきくといわれています。

なお、盲導犬、聴導犬、介助犬は「身体障害者補助犬（補助犬）」ともよばれます。

犬といっしょにいるとよいこと

人にとって、犬といっしょにくらしたり、犬とふれあうことは、次にしめすようにさまざまな面でよい影響があります。

心理的（心の面で）
- 安心して生活できる。
- 心がいやされる。
- 積極的になる。
- 他者に愛されていると感じられる。
- 命のたいせつさを知る。

生理的（からだの面で）
- リラックスできる
  ※血圧やコレステロール値の低下につながることもある。
- からだのリハビリ効果を高める。

社会的（社会の面で）
- 社会性が高まる。
- 人と協力できるようになる。
- 自立できるようになる。
- 人に感謝できるようになる。
- 行動範囲が広がる。

プラス1　補助犬に共通するとくちょう

補助犬に共通していることは、おだやかな性格で、人といるのが好きだということ。どんな場所にもすぐなれる、大きな音がしても落ち着いていられる、人といっしょに作業するのが好き、などのとくちょうもある。

大昔から犬と人はパートナー

補助犬の歴史

人類と犬との関係の歴史は非常に長いですが、目の見えない（見えにくい）人と犬の関係も1世紀にはすでにはじまっていたことが知られています。

盲導犬の歴史

盲導犬の歴史は、およそ2000年前までさかのぼります。それは、西暦79年、火山の噴火で灰にうもれたことで有名なイタリアの古代都市ポンペイの遺跡にのこされた壁画に、つえで歩く人が犬を連れているようすがえがかれていたことからわかりました。

時代が下り、17世紀のオランダの本にも、つえをついた人が犬といっしょに歩くイラストの下に「忠実な犬が彼をつなで引いている」と書かれていたことから、現在の盲導犬のような犬がいたことがはっきりしています。

その後、第一次世界大戦中にドイツで、戦争で失明した兵士のために盲導犬の育成がはじまりました。当時ドイツは、ジャーマン・シェパードの繁殖や訓練において世界をリードしていました。そして1916年、世界初の盲導犬訓練学校が設立されました。

ドイツから世界へ

1920年代、ドイツの盲導犬はイギリスやフランス、スペイン、イタリア、アメリカ、カナダ、ロシアなどへ輸出されはじめました。日本には1939年に、失明した軍人のためにドイツから4頭のジャーマン・シェパードがやってきました。この4頭が、日本ではじめての盲導犬です。

プラス1　盲導犬事業をおこそうとした女性たち

1920年代にスイスで犬の訓練所を開設していたアメリカ人、ドロシー・ハリソン・ユースティス夫人は、ドイツでおこなわれていた盲導犬育成のようすをアメリカの雑誌「サタデー・イブニング・ポスト」にレポートした。その後、彼女は自分で盲導犬を訓練し、モリス・フランクというアメリカ人に提供。ユースティス夫人はスイスから帰国後、アメリカに盲導犬訓練施設をつくるために努力し、現在ではアメリカで最大級の盲導犬訓練施設となったシーイング・アイを設立した。また、イギリスでも、ユースティス夫人の記事を読み、イギリスに盲導犬事業をおこそうと考えた女性たちの活動により、盲導犬が育成されるようになった。

国産第1号の盲導犬チャンピイと使用者の河合洌さん（歩行指導を受けているところ）。

日本生まれの盲導犬

日本ではじめて育成された盲導犬は、塩屋賢一氏（のちにアイメイト協会を創設→p９）が試行錯誤の末、1957年に育成に成功したジャーマン・シェパードのチャンピイです。

その他の補助犬

日本では、1960年代に盲導犬の育成が本格的におこなわれるようになりました。それでも、盲導犬が法的に認知されるようになったのは、1978年に改正道路交通法に盲導犬のことが記述されてからです。

盲導犬よりおくれてはじまった聴導犬や介助犬の歴史は、次のとおりです。

1957年	日本で育成された盲導犬が誕生。
1970年代後半	アメリカで介助犬の育成がはじまる。
1975年	アメリカで聴導犬が誕生。
1984年	日本ではじめての聴導犬が誕生。
1992年	日本にアメリカから介助犬がくる。
1995年	日本生まれで、日本育ちの介助犬が誕生。

身体障害者補助犬法とは

日本では2002年、「身体障害者補助犬法」が成立します。この法律は、障がいのある人の自立と社会参加を助けることを目的としています。これにより、以下のような場所で、障がいのある人が補助犬（盲導犬・聴導犬・介助犬）を連れて入ることがみとめられました。

- 国や地方公共団体などが管理する公共施設
- 公共交通機関（電車、バス、タクシーなど）
- 不特定多数の人が利用する商業施設、飲食店、病院、ホテルなど
- 国や地方公共団体などの事務所、従業員50人以上の民間企業

ミニクイズ　これはなに？

答え：全国盲導犬施設連合会が1994年から発行しているステッカー。

このステッカーがはってある店や施設には、補助犬（盲導犬・聴導犬・介助犬）を連れて入ることができる。これは、ほかの客に「ここは補助犬も入れます。ご理解とご協力をお願いします」と伝えるためのもの。

補助犬について理解すべきこと

補助犬は、家庭犬（ペット）ではありません。
ハーネスなど、補助犬の目印をつけているときは、仕事中です。
集中力をなくすと、人の安全を守れません。
「さわらない」「見つめない」「話しかけない」「食べ物をあたえない」が重要です。

仕事中をしめす目印

補助犬が仕事をしていることを、だれが見てもわかるように、仕事中の補助犬には、次のような印をつけることになっています。

盲導犬　白いハーネス

聴導犬　「聴導犬」と書いたケープ

介助犬　「介助犬」と書いたケープ

プラス1　補助犬とみとめられるには？

盲導犬や聴導犬、介助犬は、「身体障害者補助犬法」という法律で定められた犬で、障がいがある人とペアになって社会参加することが法律でみとめられている。ただし、補助犬とみとめられるためには、専門の育成団体で特別な訓練を受け、厚生労働大臣指定の法人で試験を受けて合格しなければならない。

補助犬を連れた人にまちで出会ったら

補助犬は、障がいのある人が安全に歩いたり、行動したりできるように仕事をしています。わたしたちには、どんなお手伝いができるでしょうか。

盲導犬の場合
後ろからそっと見守って、もしこまっているようであれば、「なにかお手伝いしましょうか」と、盲導犬を連れている人に声をかける。横断歩道の信号がかわったときなどは、「赤ですよ」「青になりましたよ」などと、声をかけてあげることがだいじ。盲導犬に声をかけてはいけない。

聴導犬の場合
聴導犬をつかっている人は耳が聞こえないので、手話か、紙やスマートフォンなどで「筆談」する必要がある。また、顔をまっすぐに向けて、口を大きく開けてゆっくり話すことで通じることもある。

介助犬の場合
介助犬をつかっている人は、車いすを利用していることがほとんど。その人がなにかこまっているようすだったら、介助犬のいる側と反対側に立って、「なにかお手伝いしましょうか」と声をかける。

補助犬育成団体

名称	郵便番号	所在地	電話番号
盲導犬			
公益財団法人 北海道盲導犬協会	005-0030	北海道札幌市南区南30条西8丁目1-1	011-582-8222
公益財団法人 東日本盲導犬協会	321-0342	栃木県宇都宮市福岡町1285	028-652-3883
公益財団法人 日本盲導犬協会(事務所)	150-0045	東京都渋谷区神泉町21-3 渋谷YTビル02 3F	03-5452-1266
公益財団法人 アイメイト協会	177-0051	東京都練馬区関町北5-8-7	03-3920-6162
社会福祉法人 中部盲導犬協会	455-0066	愛知県名古屋市港区寛政町3-41-1	052-661-3111
社会福祉法人 日本ライトハウス(本部)	538-0042	大阪府大阪市鶴見区今津中2-4-37	06-6961-5521
公益財団法人 関西盲導犬協会 盲導犬総合訓練センター	621-0027	京都府亀岡市曽我部町犬飼未ケ谷18-2	0771-24-0323
社会福祉法人 兵庫盲導犬協会	651-2212	兵庫県神戸市西区押部谷町押部24	078-995-3481
公益財団法人 九州盲導犬協会(事務局)	819-1122	福岡県糸島市東702-1	092-324-3169
公益財団法人 日本補助犬協会 横浜訓練センター(兼本部)	241-0811	神奈川県横浜市旭区矢指町1954-1	045-951-9221
一般財団法人 いばらき盲導犬協会	312-0052	茨城県ひたちなか市東石川3610-10	029-275-3112
聴導犬			
社会福祉法人 日本聴導犬協会	399-4301	長野県上伊那郡宮田村7030-1	0265-85-4615
公益財団法人 日本補助犬協会	241-0811	神奈川県横浜市旭区矢指町1954-1	045-951-9221
公益社団法人 日本聴導犬推進協会	356-0051	埼玉県ふじみ野市亀久保2201-5	049-262-2333
介助犬			
社会福祉法人 日本聴導犬協会	399-4301	長野県上伊那郡宮田村7030-1	0265-85-4615
社会福祉法人 日本介助犬福祉協会	294-0221	千葉県館山市布沼1210-122	0470-28-5662
社会福祉法人 日本介助犬協会	222-0033	神奈川県横浜市港北区新横浜2丁目5-9 新横浜フジカビル3F	045-476-9005
公益財団法人 日本補助犬協会	241-0811	神奈川県横浜市旭区矢指町1954-1	045-951-9221

※聴導犬、介助犬は、ほかにも育成団体がある。

参考資料:厚生労働省 社会・援護局 障害保健福祉部

盲導犬になる

どんな犬でも、盲導犬になれるわけではありません。
視覚に障がいがある人のために、仕事をするのが好きな犬が選ばれます。
現在、日本ではたらいている盲導犬の数は、およそ950頭です。

盲導犬に適した性格

盲導犬になれる犬の性格は、次のとおりです。

- 人といっしょにいることが好き
- おだやかで素直
- はたらくことが好き
- 新しい場所でもすぐになれる

一方、攻撃的で人にほえる、落ち着きがない、わがままな犬は盲導犬には向いていません。

向いている犬種

犬の性格はそれぞれちがいますが、犬種によっておおよそ決まっています。おだやかで素直な犬のなかでも、ラブラドール・レトリバーとゴールデン・レトリバーは、比較的盲導犬に向いているといわれています。そしてラブラドール・レトリバーとゴールデン・レトリバーのミックス犬です。これらレトリバー種は、もともと猟犬としてはたらく犬で、人といっしょに仕事をすることが大好きです。それに、人を安全に誘導するためにちょうどいいからだの大きさです。また、人を引っぱる力が強く、それでいて周囲に恐怖感や威圧感をあたえないところも、盲導犬に向いています。

10 福祉でがんばる！ 盲導犬・聴導犬・介助犬

ラブラドール・レトリバー

性格がおっとりしています。もともとハンターがうちおとした鳥を見つけだして回収する猟犬だったので、人のいうことをよくききます。

毛の手入れがらくなので、目の見えない（見えにくい）人も世話がしやすい犬です。やさしげで、外見的にも非常に親しみやすいのがとくちょうです。

ゴールデン・レトリバー

ラブラドールよりも好奇心が強く、訓練にも向いています。ただ、毛が長く手入れがラブラドールよりも少したいへんですが、明るく陽気で、だれにでもよくなつきます。

レトリバーのミックス犬

ラブラドール・レトリバーとゴールデン・レトリバーを交配させた犬種です。盲導犬や介助犬などとしての訓練を受け、その適正があるとみとめられた犬を片親か両親として交配します。

ミニクイズ 10頭の候補犬のうち、盲導犬になれるのは何頭？

Ⓐ 4頭　Ⓑ 7頭　Ⓒ 10頭

答え：Ⓐ

盲導犬になれるのは、10頭のうち3〜4頭。それだけ、盲導犬になるのはむずかしいのだ。生まれた子犬が盲導犬になるかどうかは、90％以上生まれもった性格（遺伝子）にかかっているという。最近では、海外の盲導犬育成団体からの協力を得て、優秀なオスの繁殖犬の凍結精子を輸入して日本で人工授精をするなど、さまざまな試みがおこなわれている。

 プラス1　シェパードからレトリバーへ

かつて、盲導犬のほとんどはジャーマン・シェパードだった。知的で忠誠心が強いので、盲導犬には向いている。ところが、シェパードは顔つきがするどく、あらあらしい感じがするので、近年は、たれ耳でやさしい目、見るからにおだやかでかわいいレトリバーがふえてきた。

盲導犬は道案内役ではない！

盲導犬は、目の見えない人を道案内して歩いていると思う人がいます。それはまちがいです。目の見えない人たちは、盲導犬に道案内をしてもらっているわけではありません。

盲導犬と道案内

たとえば、目の見えない人が郵便局にいきたいと思ったとき、盲導犬が近くの郵便局の場所を思いだして人を案内するでしょうか。

カーナビは、郵便局と入力すれば道順をしめして案内してくれますが、盲導犬に「郵便局」といっても、案内はしてくれません。盲導犬は、人が安全に歩けるように手助けはしてくれます。これは、つえをたよりにして道を歩くのと同じです。盲導犬をつかう人は目的地までの地図を思いえがきながら、盲導犬といっしょに歩くのです。

このことについて、たとえば下の地図で、2つ目の角を左に曲がって、その先にある横断歩道をわたったところにある郵便局にいく場合を、具体的に見てみましょう。

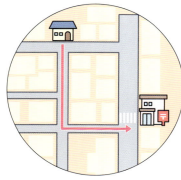

プラス1　つえより盲導犬

目が見えない・見えにくい人は、白杖（白いつえ）で地面をさぐりながら歩く。ところが、高い位置にある障害物は、白杖では発見することができない場合がある。盲導犬は、高いところの障害物まで、人に知らせるように訓練されている。

1　家を出てまっすぐ歩いていき、2つ目の角で盲導犬が立ちどまったら、「レフト・ゴー（左へ曲がれ）」と指示する。

2　車の音がする大きな交差点で盲導犬が立ちどまったら、「ゴー（進め）」と指示し、横断歩道をわたる。

盲導犬の仕事の基本

まちは、目の見えない人にとって障害物だらけ。通行人も歩行のさまたげになります。

　このようなさまざまな障害物をよけながら、盲導犬は目の見えない人が安全に歩くのを手伝わなければなりません。下は、そうした盲導犬の仕事の基本です。

　目の高さが人よりずっと低い犬にとって、木の枝や車のバックミラーなど高いところにある障害物に、人がぶつからないようにするのはむずかしいことです。でも、盲導犬には、それができるのです。

　また、犬は歩けるけれど、人といっしょにならんで通れないところでは立ち止まって、「ここはいっしょには通れない」と教えます。

● 人の左側について、左によって歩く。

● 電信柱や路上にとめてある自転車などの障害物をよけて歩く。

● 段差の手前で止まって、段差があることを知らせる。
● 十字路など、道の角で止まって、角があることを知らせる。

盲導犬は道案内役ではない！ 13

盲導犬についてもっと知ろう！

盲導犬の平均寿命は、およそ15歳。
仕事がたいへんだから寿命が短いと思う人もいますが、ふつうの犬とかわりません。
定期的に病院で健康管理もしているので、健康だともいわれています。

盲導犬の一生の流れ

将来盲導犬になる犬は、おおよそ次のように成長していきます。

❶誕生〜生後2か月

生後2か月になるまでは、母犬のそばで、兄弟姉妹といっしょにすごします。

❷ 生後2か月〜1歳

生後2か月になった子犬は、「パピーウォーカー」（→3巻p7）とよばれる子犬の飼育ボランティアの家庭で愛情いっぱいに育てられます。パピーウォーカーと生活をともにすることで、子犬は社会性を身につけていきます。この時期、いろいろなところへ人といっしょに出かけ、人ごみや電車・車の音、雨や雪などにふれて、さまざまな経験をします。

こうして子犬には、人間に対する親しみと信頼感が育っていきます。

❸ 1歳〜2歳くらい

1歳をすぎると、訓練所にもどり、盲導犬になるための訓練がはじまります。

訓練の流れ

● **基本訓練**
人に注意を向け、人とコミュニケーションをとれるようにする訓練
スワレ、フセ、マテなどの指示にスムーズにしたがうようになる訓練をする。

● **誘導訓練**
まちで目の不自由な人を安全に誘導するための訓練
道の左によって歩く、段差を知らせる、交差点を知らせる、障害物をよけるなど、盲導犬が視覚障がい者を安全に誘導するための4つの誘導動作を訓練する。

● **アイマスク・テスト**
訓練の進み具合を評価する
静かな訓練所での訓練から、住宅街、繁華街、バス、電車での訓練へとむずかしくなっていく。最終チェックは、担当訓練士以外のスタッフがアイマスクをして道を歩く。

● **共同訓練**
盲導犬を希望する視覚障がい者との訓練
目の不自由な人といっしょに生活して、必要な知識を身につける。

プラス1　共同訓練の前に人と犬とのマッチング
盲導犬を希望する人の話を聞いてから、その人に合った犬を、訓練士が考える。人と犬の性格や生活環境、歩行環境、運動量、歩行速度、体格などにより、盲導犬が決まる。

❹ 2歳〜10歳

共同訓練が終わると、卒業です。訓練所をはなれ、視覚障がい者の自宅での生活がはじまります。

プラス1　人もおぼえることがたくさん
盲導犬とくらす人は、犬との生活をうまくやっていくために、たくさんのことを学ばなければならない。盲導犬と安全に歩くための方法、転落しないように駅のホームを利用する方法、レストランやバス・電車でのマナー、犬のブラッシングの方法、犬の健康チェックの方法、犬の排便の方法、そして盲導犬に関する法令などだ。

❺ 10歳〜

盲導犬は10歳前後で引退します。10歳は、人間では60歳くらいです。引退したあとは、引退した犬を世話する引退犬飼育ボランティア（→3巻p10）の家で、家族の一員として新しい生活をはじめます。

プラス1　盲導犬普及率はイギリスの10分の1
日本の盲導犬普及率はイギリスの10分の1。しかも、日本では、視覚障がい者が盲導犬を申しこんでから盲導犬と生活するまで、1年間くらい待つ。それにくらべてイギリスでは、たったの3か月。現在日本では、犬とくらしやすい住宅環境にしたり、共同訓練を改善したり、盲導犬の繁殖をふやしたりするなどして、より多くの希望者が盲導犬とくらせるようになることがのぞまれている。

ハーネスは仕事中の目印

　盲導犬は、仕事中はかならずハーネス(→p8)をつけなければなりません。ぎゃくにいえば、ハーネスは盲導犬が仕事中であることをしめす目印となっているのです。

　またハーネスは、盲導犬と目の不自由な人とをつなぐきずなでもあります。

　目の不自由な人は、盲導犬が段差で止まったり障害物をよけたりするときに伝わってくるハーネスの動きにより、道の状況を判断するといいます。すなわち、ハーネスの動きから伝わる情報が、目の不自由な人の安全な歩行をささえているのです。

　ハーネスをはずすと盲導犬の仕事が終わった合図です。犬は、いっしょにくらす人と遊んだり、あまえたりします。

ミニクイズQ　これはなに？

盲導犬は決められた場所でウンチやオシッコをするように訓練されているが、長時間歩くときなどには、「はいせつベルト」にビニールぶくろを取りつけたトイレを使用する。これはビニールぶくろごと処理できるので、目の不自由な人にもかんたんにあとかたづけができる。

答え：ほいせつトイレ

プラス1　ハーネスバッグ

　盲導犬と盲導犬使用者がいっしょに外出するときには、盲導犬であることが外から見てわかるように、盲導犬はかならずハーネスをつけている。そして盲導犬使用者は、車を運転するときに運転免許証が必要なように、「盲導犬使用者証」をもっていなければならない。

　ハーネスに小さなオレンジ色のバッグがついているのを見たことがあるだろうか。このバッグを「ハーネスバッグ」という。ハーネスバッグのなかには、「盲導犬使用者証」や「はいせつベルト」、ビニールぶくろなどを入れられるので、盲導犬使用者にとっては便利。ハーネスバッグの表面には「お仕事中」と表示されている。

ハーネスが少し上に動いて止まると上りの段差か階段があることがわかる。

電車に乗る

目の見えない人は、駅の構造を頭に入れておけば、盲導犬を連れて駅に入り、電車に乗ることができます。

1. 「ゲート」というと、改札へ向かう。

2. ホーム上では、盲導犬は人の左側につき、点字ブロックにそって歩く。

3. 盲導犬はこわがらずに電車に乗り、空いている席に頭をのせて、「ここにすわれますよ」と人に伝える。

盲導犬よくある質問

ここでは、盲導犬についてよくある4つの質問と、その答えを見てみましょう。

Q 英語で指示するのはなぜ？

A 日本語には、男言葉と女言葉があります。また、方言でイントネーションがことなるので、訓練士と盲導犬をつかう人の出身地がちがうと、犬が混乱してしまいます。英語ならちがいが出にくいので、英語で指示するようにしています。

Q 盲導犬は信号の色をどうやって判断しているの？

A 犬は色を感じることはできません。じつは、信号の色を判断しているのは、人です。音が出る信号であれば、流れてくる音で判断します。音が出ない信号では、動いたり止まったりする車の音やまわりのようすから安全を確認しているのです。

Q 盲導犬使用者になるにはいくらかかるの？

A 盲導犬は無料で貸しだされます。盲導犬使用者が必要なのは、エサ代や、医療費くらいです。これらはペットを飼うときと同じくらいの費用です。
訓練所で盲導犬を育てるためにかかる費用は、寄付や募金でまかなわれています。

Q なぜ服を着ている盲導犬がいるの？

A 盲導犬が着ている服は、盲導犬からぬけ毛が飛ぶのをふせいでいます。病院にいくときや毛のはえかわる時期には、服を着せることが多いです。雨の日にはレインコート、夏は直射日光をふせぐ服を着せることもあります。

盲導犬についてもっと知ろう！ 17

聴導犬についてもっと知ろう！

聴導犬は「聴導犬」と書かれたケープを身につけています。
現在、日本ではたらいている聴導犬の数は、およそ70頭です。

聴導犬の歴史

　聴導犬のはじまりは、1975年のアメリカです。ある女性が「家のなかで鳴る音に反応するように、犬を訓練してください」と、ラジオ番組に投稿したことがきっかけでした。

　日本では、1981年の国際障害者年に聴導犬委員会が発足し、日本の聴導犬の歴史がはじまりました。

　1983年に4頭のモデル犬を育成。1984年に埼玉県の聴覚障がい者に貸しだされた犬が、日本ではじめての聴導犬です。犬種は、シェットランド・シープドッグでした。

音をとどけるパートナー

　聴導犬は、人の指示がなくても自分で考えて音を知らせることができます。ドアのチャイムや目ざまし時計などの生活に必要な音を知らせたり、人を音の鳴っている場所まで連れていったり、車のクラクションや自転車のベル、火災報知器や非常ベルの警報音などを知らせたりして、人の安全を守るのが聴導犬の仕事です。

　また、聴導犬は「聴導犬」と書かれたケープをつけているので、聴導犬を連れた人が聴覚障がい者であることを、まわりの人に知らせる役割もあります。

聴導犬の音の知らせ方

聴導犬が耳の聞こえない・聞こえにくい人に音を知らせる方法は、タッチです。タッチの仕方もいろいろあります。次は、その1つの例です。

- 人がいすにすわっている場合、前足をひざの上に軽くのせる。

- 人がねているときには、ふとんの上に軽く乗る。

- 歩いているときは、後ろ足で立ちあがって知らせる。

はなれたところで音がしたら、タッチして人に伝えたうえで、音のする場所まで連れていくこともあります。

聴導犬に適した性格

聴導犬に向いている性格は、人といっしょにいることが好き、おだやかで素直、という点は盲導犬と同じです。それにくわえて聴導犬は、自分で考えることが必要です。

人のことをしっかりと見ていて、落ち着いている犬が聴導犬に向いています。

一方、攻撃的で人にほえる、落ち着きがない、わがままな犬は、補助犬のどれにも向いていません。とくに聴導犬に向いていない性格は、音に過敏に反応してしまうことです。

向いている犬種

聴導犬は盲導犬とはちがい、大きい犬である必要がありません。犬種はとくに決まっていませんが、日本では家の広さや生活スタイルから、トイプードルやシーズーのほか、雑種などの小型・中型犬が多くかつやくしています。

聴導犬になる犬

将来聴導犬になる犬は、次のように、3通りがあります。

1. 補助犬の育成団体が繁殖させた子犬を訓練する。

2. 動物愛護センターから捨て犬を引きとり、訓練する。

3. 聴覚障がい者が自分で飼っているペットを、訓練する。

聴導犬の一生の流れ

❶ 1歳～2歳くらいまで

「スワレ」「マテ」などの基本訓練のほか、商業施設などでの社会化訓練、レストランでの飲食訓練、電車・バスなどの乗り物訓練、飼い主が必要とする音を知らせる聴導訓練がおこなわれます。

❷ 2歳～3歳

いっしょにくらす人と犬が合同で、実際の生活のなかで音を知らせる訓練をします。その後、認定試験を受けて、合格すると聴導犬になれます。

❸ 3歳～10歳

聴導犬としてかつやくし、おおよそ10歳をすぎると、そろそろ引退です。引退後は、ペットとしてそのままくらしたり、ボランティアの家庭に引きとられたりします。

プラス1　盲導犬や介助犬とのちがい

盲導犬や介助犬は「ゴー（進め）」「プル（引っぱれ）」など、盲導犬・介助犬使用者の指示にしたがって仕事をする。ところが、耳が聞こえない人は、犬に「音がなったから知らせて」と言葉で指示を出すことができない。聴導犬は、人の指示にしたがって仕事をするのではなく、自分で人に知らせる音を聞きわけて、仕事をする。これが、盲導犬や介助犬とのちがい。

介助犬についてもっと知ろう！

介助犬は、からだに障がいがある人の手足となり、落としたものを拾ったり、ドアを開け閉めしたり、洋服をぬぐのを手伝ったりします。
現在、日本ではたらいている介助犬の数は、およそ70頭です。

介助犬の歴史

介助犬は1970年代にはじめてアメリカで誕生しました。生まれつきからだが不自由だった子どものために、飼っていたペットを介助犬として訓練したことがはじまりといわれています。

日本では、1992年にある女の人が、テレビでアメリカの介助犬について知り、自分も介助犬といっしょにくらしたいと、アメリカから介助犬を連れてきたのがはじまりです。そのわずか3年後の1995年、日本で訓練された最初の介助犬が誕生しました。名前はグレーデルといい、14年間仕事をしました。

介助犬の仕事

「介助犬がいてくれるだけで、安心。気持ちがやさしくなり、前向きになれる」という障がい者がいます。介助犬のおもな仕事は、次のとおりです。

- 落ちたものを拾ったり、荷物を運んだりする。
- 車いすを引く。
- 洋服をぬぐのを手伝う。
- 立ったり歩いたりするのを手伝う。
- おきあがったり車いすへうつったりするときのささえになる。
- ドアの開け閉めをする。
- エレベーターのボタンをおす。

また、介助犬の仕事には、危険なことがおきたときに助けをよびにいったり、緊急ボタンをおしたりすることもあります。

プラス1　障がいによって仕事はさまざま

介助犬をつかう人の障がいの状況によって、介助犬の仕事の内容はいろいろ。障がい者のからだに負担をかけない介助作業をするには、介助犬の訓練士だけではなく、人間のお医者さんなどの医療の専門家のアドバイスもたいせつだ。介助犬の作業は、つかう人にあわせて、ほぼオーダーメイドなのだ。

介助犬に向いている犬

障がい者の手足となるので、いつも人といっしょにいて、人と同じ作業をおこなうことが好きな犬が向いています。性格としては、他の補助犬と同じです。

日本でかつやくしている介助犬のほとんどは、犬種としては、ラブラドール・レトリバーとゴールデン・レトリバー、そしてラブラドール・レトリバーとゴールデン・レトリバーのミックス犬です。これらの犬種は、もともと狩りを手伝う犬で、人といっしょにはたらくことが大好きです。

からだが大きいので、障がいをもつ人のからだをささえたり、車いすを引っぱったり、力のいる仕事に向いています。

プラス1　自分で判断して動ける犬

国内初の介助犬グレーデルを育てた矢澤知枝さんは、介助犬に向いているのは、補助犬に共通する性格があるだけでなく、次のことも必要な条件だと、著書に書いている。

- 雷などの突然の音や事件に対して、おびえたり、過剰反応をしない。
- 他の動物に対して過剰に反応しない。
- 人間の声によく反応してよろこぶ。

（矢澤知枝著『犬にはわかる　介助犬トレーニング—犬と心のキャッチボール—』より）

プラス1　盲導犬候補犬が介助犬になる場合

盲導犬の訓練を受けたけれど盲導犬に向いていないと判断された犬を、介助犬として訓練することもある。

また、障がいをもつ人がペットとして飼っていた犬を介助犬にしたい、という場合もある。そのほか、動物愛護センターから引きとった犬を訓練しようとしている団体もある。

介助犬ができること

介助犬は、からだの不自由な人のためにいろいろな介助活動をしますが、そのやり方の基本は、口でくわえることと前足でおすことです。

落としたものを拾うのは口。介助犬は、かぎやお金、小さいものやうすいものでも拾うことができます。

たとえば、「冷蔵庫からジュースをもってきて」と指示されれば、ちゃんと冷蔵庫のドアを開けて、ペットボトルをくわえ、もってきます。冷蔵庫のドアの取っ手にはハンカチをむすび、犬が引っぱって開けやすくしておくのです。

次は、人と犬とのやりとりの流れです。

1 人の「オープン冷蔵庫」という指示で、犬は冷蔵庫のドアを引っぱって開ける。

2 人の「テイク・ボトル」という指示で、犬はペットボトルをくわえる。

3 人の「プッシュ」という指示で、犬は冷蔵庫のドアを閉める。

4 人の「ギブ」という指示で、犬はペットボトルをわたす。

次に、人が服やくつ下をぬぐのを手伝う場合の流れです。

1 人が「スルー」というと、犬は人の足の下に入って、足をもちあげるのを手伝う。

2 人が「プルくつ下」というと、犬はくつ下をくわえて、引っぱってぬがせる。

3 人が「カゴ」というと、犬はくつ下をカゴまでもっていく。

人の動きを手伝う場合

介助犬は、人が立ちあがったりおきあがったり、からだの向きをかえたりするのを手伝うこともあります。この際も、口にくわえて引っぱったり、前足をつかっておしたりします。エレベーターのボタンをおすときは、鼻先をつかいます。

また、人は車いすに乗るときなどには犬のからだをささえにしますが、車いすを動かすときには、車いすにつけたタオルなどを犬が引っぱって手助けします。まちなかでは、歩道と車道の境目などの段差や坂道が上りのときに、犬が車いすを引っぱります。

駐車場で駐車券を口にくわえて取りだす。

エレベーターのボタンをおす。

介助犬の一生の流れ

ここでは、他の補助犬と同じように誕生から引退するまでのおおよそのようすを見てみます。

❶ 1歳くらいまで

生後2か月までは、母犬や兄弟姉妹たちといっしょにくらし、その後、子犬の飼育ボランティアの家で、1歳になるまでの約10か月間育てられます。

❷ 1歳くらい

1歳になると訓練所にもどります。まず、その犬が、人によく注意をはらうことができるか、落ち着いているか、いろいろな場所になじむことができるかなど、介助犬として必要な条件を判断されます。その結果、介助犬に向かないと判断された犬は、一般家庭でペットとしてくらします。

❸ 1歳〜2歳くらいまで

「引っぱる」「おす」「もってくる」「わたす」などの介助動作を訓練します。

その後、介助犬をもとめている人との相性などを見るマッチングがおこなわれます。

❹ 2歳くらい

いっしょに生活することが決まった人と犬は、合同で訓練をおこないます。人は、犬への指示の出し方や、飼育管理、散歩や遊び方、また、シャンプーやトイレなどの方法を練習します。この時期にだいじなことは、犬との信頼関係をつくることです。

❺ 2歳〜10歳

介助犬と人との生活が長くつづきます。さまざまなことを経験しながら信頼関係をきずいていきます。

そして、引退。その後も同じ家でくらす場合もありますが、人が新しい介助犬を必要とする場合は、引退した犬はボランティア家庭でくらすことになります。

介助犬Q&A

介助犬についてよくある疑問と、その答えを見てみましょう。

Q 介助犬を1頭育てるのに、どれくらいの費用がかかるのでしょうか？

A 240万〜300万円くらい必要です。これは、盲導犬も聴導犬も同じです。このお金は、団体に入っている人の会費や寄付でまかなわれています。介助犬の貸しだしは、盲導犬や聴導犬と同じで、無料です。

Q 介助犬は、ふつうの犬よりも早く死んでしまいますか？

A はたらく犬はペットよりも短命と思われがちですが、そんなことはありません。ふつうの犬と同じくらいの寿命です。介助犬として多くつかわれているラブラドールのいっぱん的な寿命は、13歳から15歳ですが、介助犬たちも同じくらいです。

Q 介助犬に向くのはオスですか？メスですか？

A どちらも同じです。性格によって向き不向きがあります。介助犬は、電車に乗ったりスーパーに買い物に出かけたり、さまざまな施設を利用したりします。そのため、はじめての場所でも落ち着いている犬が向いています。

Q しっぽをふまれても鳴きませんか？

A 介助犬もいたければ思わず声を上げてしまいます。補助犬はむだにほえませんが、いたいときやびっくりしたときには声を出すのは当然です。

訪問活動犬についてもっと知ろう！

「犬のぬくもりにふれると、ほっとして明るい気持ちになる」などといわれています。
訪問活動犬というのは、いろいろな場所に出かけて、人びとをなごませる犬のことです。
訪問活動犬について、くわしく見てみましょう。

犬とふれあうことで

人は犬とふれあうと、次のようになるといわれています。

- 無口だった人が笑顔になる。
- 純粋に見つめてくれる犬にふれて、生きる勇気がわく。
- 犬といっしょにいることで積極的になる。
- 犬とふれあった日、ぐっすりとねむることができる。
- 犬をなでながら話すことでリラックスできる。
- 犬をなでているうちに、動きにくかった手が動くようになる。

訪問活動犬は、老人ホームや、障がいのある人がくらす施設、病院、特別支援学校など、さまざまな場所でかつやくするようになってきました。

訪問活動犬に適した性格

訪問活動犬は、まず人なつこく、知らない人にもあまえるような犬が向いています。

もちろんほかの補助犬と同じで、おだやかで素直、人といっしょにいることが好きで、どこへいってもすぐなれる犬が適しているといわれています。反対に、すべての補助犬にいえることですが、攻撃的でわがまま、人やほかの犬にほえる、落ち着きがない犬は向いていません。

また、訪問活動犬は、どの犬種でもなれます。大型犬は大きなからだを生かして、やさしく人をいやします。元気のいい犬は、活発な動きでみんなを元気にします。小さい犬はだっこされて、命のあたたかさを人に伝え、だっこした人を元気にします。

仕事のようすを見てみよう

訪問活動犬の仕事を、お年よりがくらす老人ホームでの実際の例で見てみます。
訪問活動の時間は1時間くらいです。

❶ 事前にからだをきれいにする

訪問先にはからだが弱っている人もいるので、訪問活動をおこなう前に、シャンプーとつめ切り、耳そうじをして、からだを清潔にします。トイレも事前にすませておきます。

❷ 事前打ちあわせ

犬を連れていく人（ハンドラー）が訪問先のスタッフに、参加人数や、体調がすぐれない人がいないか、犬が苦手な人がいないかなどを確認します。部屋から出てこられないお年よりのところへは、どの犬がいくかなども決めます。

❸ 訪問中

いよいよみんなとふれあいます。かんたんな芸をひろうしたり、お年よりといっしょに散歩したりします。部屋から出てこられないお年よりには、ハンドラーが犬といっしょに部屋へいってふれてもらいます。

❹ 訪問活動後

ハンドラーは、参加した人にどのような変化があったかをスタッフの人から聞きます。よい変化があった人には、次回も積極的にはたらきかけるようにするためです。

プラス1 ハンドラーとは

「ハンドラー」とは、犬といっしょに活動する人のこと。訪問活動犬のハンドラーは、みんながじょうずに犬とふれあってもらえるように気を配る。一方、参加者のなかには、犬をこわがって、大きな声を出したり、急にさわったりして、犬をおどろかせる人もいる。その際、犬がほえたりにげたりしないようにするのも、ハンドラーの役目。

プラス1 命の授業

全国の学校では、子どもたちに命のたいせつさを教える「命の授業」をおこなっている。その授業に訪問活動犬が登場することも多い。子どもたちは、犬とのふれあいを通じて、命のたいせつさや思いやりを学ぶ。犬とふれあうことは、感情や表現力をゆたかにすることにもつながると考えられている。

訪問活動犬についてもっと知ろう！

訪問活動犬になるには

訪問活動をおこなっている団体はたくさんありますが、たとえば日本救助犬協会では、訓練士さんによる審査と、獣医さんによる健康診断をおこなって、訪問活動ができる犬かどうかを審査しています。審査の基準は、下のような内容です。

審査に合格し、犬といっしょに訪問活動の仕方などの研修を受ければ、訪問活動を開始することができます。

訪問活動犬の基準

- 正しい健康管理がされている。
- 知らない人の前でも落ち着いていられる。
- ほかの犬にも落ち着いて接することができる。
- 人ごみのなかを落ち着いて歩くことができる。
- スワレ、フセ、マテ、コイなど基本的な訓練ができている。
- 音やからだへの接触などの刺激があっても、落ち着いていられる。
- 人をかまない。
- むだぼえしない。
- トイレを決められた場所でできる。　など

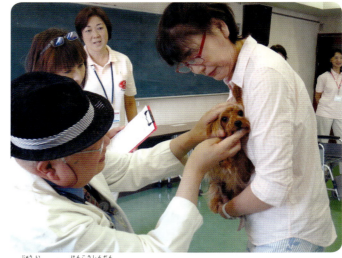
獣医による健康診断。

訓練士による審査。

特別支援学校にやってきたボランティアハンドラーの人たちと訪問活動犬。

車いすの子どもとふれあう訪問活動犬。

セラピードッグとは

「セラピードッグ」とは、ふれあいを通じて、病気やケガまたは精神的ないたでを受けた人をいやすはたらきをする犬のこと。訪問活動犬は、セラピードッグの一種です。

セラピードッグは、お年よりや障がいがある人、病気の治療を必要とする患者などの心とからだの回復を手伝うために、高度な訓練を受けています。

セラピードッグの効果はまだはっきりしていませんが、東京の聖路加国際病院では、早くも2003年に「アニマルセラピー」という考え方を取り入れ、月2回、小児病棟にセラピードッグをむかえ入れました。そして、子どもたちに犬とふれあう楽しい時間をすごしてもらっています。

また、少年院で社会復帰を手伝うといった試みもおこなわれています。たとえば、2014年に千葉県八街市の少年院で、犬を通じた矯正教育プログラムがスタートしました。

プラス1　3つの種類があるドッグセラピー

ドッグセラピーは、動物をつかった治療法である「アニマルセラピー」の一種。活動の種類は、治療を目的とする動物介在療法（Animal Assisted Therapy＝AAT）と、病院や施設などの入所者とペット動物がふれあう動物介在活動（Animal Assisted Activity＝AAA）、正しい動物とのふれあい方や命のたいせつさを学んでもらう動物介在教育（Animal Assisted Education＝AAE）の3つがある。

プラス1　セラピードッグとふれあえるカフェもある

犬を飼いたくても、家の都合で飼えなかったり、高齢になって犬の世話ができなくなった人のために犬とふれあうカフェもある。犬とのすばらしい時間をすごすことで、リラックスできたり、元気になったりと、さまざまな効果を得られる。

タレント犬ってどういう犬?

「タレント犬」とは、テレビ番組やコマーシャルに出演したり、雑誌のモデルなどをする犬のこと。その愛らしいすがたで、人をなごませたり、元気にしてくれたりします。

タレント犬のかつやくぶり

ずいぶん前から、犬がテレビCMやテレビドラマでかつやくしてきました。時代時代で話題になり、人気者、タレントになった犬たちも多くいます。そうしたタレント犬は、いっしゅんで見る人の心をつかむといわれています。

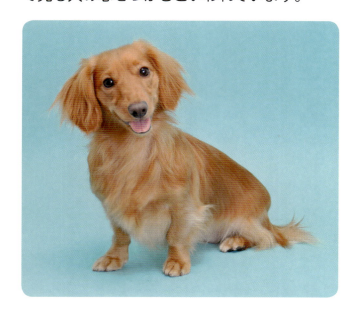

下は、これまでタレント犬がかつやくしたおもなテレビドラマです。まるで人のように表情ゆたかに演技する犬のすがたが印象にのこっています。

- 犬笛 娘よ、生命の笛を吹け(日本テレビ)
- 刑事犬カール(TBS)
- 黄金の犬(日本テレビ)
- 炎の犬(日本テレビ)
- 盲導犬クイールの一生(NHK)

実話をもとにした映画や犬が主人公の映画は、人びとを感動させます。

- 南極物語(日本ヘラルド、東宝)
- ドン松五郎の生活(東宝東和)
- ハチ公物語(松竹富士)
- マリリンに逢いたい(松竹富士)
- ハラスのいた日々(松竹)

雑誌のモデルとなった犬もいます。モデル写真はいっしゅんを写したものです。犬のしゅんかんの表情のゆたかさは、人間以上だといわれています。

30 福祉でがんばる! 盲導犬・聴導犬・介助犬

芸をおぼえる

　タレント犬の飼い主は、犬をいろいろな場面に登場させようと、芸をしこもうとするのがふつうです。芸といっても、その基本は、ちんちんや、立ちあがって止まったり歩いたりする、パン（うたれたようにたおれる）、ジャンプ（なにかをとびこしたり、とびついてだっこされたり）などです。

タレント犬になれる犬・なれない犬

　知らない人や新しい環境でも、緊張したり、おびえたりしない犬がタレント犬に向いています。人のいうことをきき、人になれやすい、新しい場所でも落ち着いていられる、食べ物をどこでも食べられる、はじめてのものに興味をもつといった犬は、タレント犬になれる可能性があります。

　一方、補助犬と同じで、人にほえる、落ち着きがない、わがまま、おくびょうな犬は不向きです。ただし、よくほえる犬も、ほえることが必要な仕事がくることもあります。それでも、食事、トイレなどの基本的なしつけができていなければなりません。

タレント犬になるには

　基本的な犬のしつけは、「シット（スワレ）」「ステイ（マテ）」「ダウン（フセ）」の３つの訓練からはじまるといわれています。

　そして、もっとも重要なのが「トイレ」のしつけです。室内の撮影のときなど、決められた場所でトイレができないと、手間や時間がかかってしまいます。

　次は、現在タレント犬の第一歩といわれている、ペットモデル募集の流れです。しつけが十分にできた家庭犬の飼い主が、たくさん応募しています。

> **ペットモデル募集に応募**

新聞・雑誌・インターネットなどで告知されたペットモデル募集に応募。

↓

> **書類審査**

写真・プロフィールを提出し、書類審査を受ける。

↓

> **ペットモデル登録**

種類・とくちょうなど、要望に対応できる個性を記録、モデルとして登録される。

↓

> **依頼に合わせて選抜**

テレビ局など、仕事を依頼する側の要望に合えば選ばれる。

↓

> **仕事開始**

モデルやタレントとして仕事をする。

タレント犬ってどういう犬？ 31

調べてみよう！

この本にご協力いただいた関係団体のホームページです。
もっとくわしく知りたいときは、ホームページで調べてみましょう。
（補助犬関係団体の連絡先は、p9に紹介しています。）

公益財団法人 日本盲導犬協会	https://www.moudouken.net
公益社団法人 日本聴導犬推進協会	http://www.hearingdogjp.org
社会福祉法人 日本介助犬協会	https://www.s-dog.jp
公益財団法人 日本補助犬協会	http://www.hojyoken.or.jp/
特定非営利活動法人 日本救助犬協会（訪問活動犬）	https://www.kinet.or.jp/kyujoken/n03_nar.html

さくいん

あ
- アイメイト協会　7, 8
- アニマルセラピー　29
- 命の授業　27
- いばらき盲導犬協会　9
- 引退犬飼育ボランティア　15

か
- 介助犬　4, 7, 8, 9, 11, 20, 21, 22, 23, 24, 25
- 改正道路交通法　7
- 関西盲導犬協会　9
- 九州盲導犬協会　9
- グレーデル　21, 22
- 訓練士　15, 28
- ケープ　8, 18
- 子犬の飼育ボランティア　15
- ゴールデン・レトリバー　10, 11, 22
- 国際障害者年　18

さ
- 雑種　20
- シーイング・アイ　6
- シーズー　20
- シェットランド・シープドッグ　18
- 塩屋賢一　7
- ジャーマン・シェパード　6, 7, 11

- 身体障害者補助犬　⇒ 補助犬
- 身体障害者補助犬法　7, 8
- 聖路加国際病院　29
- セラピードッグ　29

た
- タッチ　19
- タレント犬　30, 31
- チャンピイ　7
- 中部盲導犬協会　9
- 聴導犬　4, 7, 8, 9, 18, 19, 20, 25
- トイプードル　20
- ドッグセラピー　29

な
- 日本介助犬協会　9, 32
- 日本介助犬福祉協会　9
- 日本救助犬協会　28, 32
- 日本聴導犬協会　9, 32
- 日本聴導犬推進協会　9, 32
- 日本補助犬協会　9, 32
- 日本盲導犬協会　9, 32
- 日本ライトハウス　9

は
- ハーネス　8, 16
- 白杖　12

- パピーウォーカー　15
- ハンドラー　27
- 東日本盲導犬協会　9
- 兵庫盲導犬協会　9
- 訪問活動犬　4, 26, 27, 28, 29
- 補助犬　4, 5, 7, 8, 9, 22, 24, 25, 26
- 北海道盲導犬協会　9

ま
- ミックス犬　10, 11, 22
- 盲導犬　4, 6, 7, 8, 9, 10, 11, 12, 13, 14, 15, 16, 17, 20, 22, 25

や
- 矢澤知枝　22
- ユースティス夫人　6

ら
- ラブラドール・レトリバー　10, 11, 22, 25

■編
　こどもくらぶ（石原尚子）

■構成・文
　子どもジャーナリスト　稲葉茂勝

■取材・写真協力
　公益財団法人　日本盲導犬協会
　公益財団法人　アイメイト協会
　全国盲導犬施設連合会
　公益社団法人　日本聴導犬推進協会
　社会福祉法人　日本介助犬協会
　公益財団法人　日本補助犬協会
　特定非営利活動法人　日本救助犬協会
　いぬかふぇ まいら
　日本ペットモデル協会
　PIXTA
　Fotolia

■イラスト
　荒賀賢二

●装丁・デザイン
　長江知子

●取材
　多川享子

●編集協力
　清水くみこ（クウヤ）

●制作
　（株）エヌ・アンド・エス企画

この本のデータは、2018年9月までに調べたものです。

新・はたらく犬とかかわる人たち①　福祉（ふくし）でがんばる！　盲導犬（もうどうけん）・聴導犬（ちょうどうけん）・介助犬（かいじょけん）　　NDC369

2018年11月30日　　初版発行
2023年 2月10日　　4刷発行

　　編　　　こどもくらぶ
　発行者　　山浦真一
　発行所　　株式会社あすなろ書房　　〒162-0041　東京都新宿区早稲田鶴巻町551-4
　　　　　　電話　03-3203-3350（代表）
　印刷・製本　　瞬報社写真印刷株式会社

©2018 Kodomo Kurabu
Printed in Japan

32p／31cm
ISBN978-4-7515-2906-5